JN410900

바람의 그림자

신길수 시집

인지
생략

들꽃시선 112
바람의 그림자

지은이/신길수
펴낸이/문창길
초판인쇄/2011년 8월 20일
초판펴냄/2011년 8월 25일
펴낸곳/도서출판 들꽃
주 소/100-273 서울 중구 필동3가 28-1 서울캐피탈빌딩 B202호
전 화/02)2267-6833, 2273-1506
팩 스/02)2268-7067
출판등록/제5-313호(1992. 5. 15)
E-mail:dlkot108@hanmail.net

값 7,000원
* 파본된 책은 바꾸어 드립니다.

ISBN 978-89-6143-151-4 04810
ISBN 978-89-951327-0-8(세트)

들꽃시선 112

바람의 그림자

신길수 시집

| 서시 |

바람의 그림자는
흔적으로 남아 울고
세월의 다리 건너
바람은 돌며 나른다
바람은
모든 곳에 모든 이에게 공평하다

맛남도
누구도
차별하지 않는다
환기와 소통으로 부패를 방지하고

바람은
환기의 기쁨도 알고
바람은
환희의 절정도 안다

바람은
슬픈 가슴을 안고 무심으로 가고 있다
슬픈 가슴이 소멸되어도
바람의 그림자 그냥 간다
바람의 그림자 세월의 다리를
건너고 있다

| 바람의 그림자 |

차례

| 바람의 그림자 |

제 2 부 : 북악산정

| 바람의 그림자 |

제 3 부 : 천년을 두고 기다린 바위

| 바람의 그림자 |

제 4 부 : 허공에 뜬 고향

| 바람의 그림자 |

제 1 부

땜이 된 자리에서

인연이라는 것

그래요
바람 몰아쳐도
회한의 세월로 젖어
하얗게 밀릴 것만 같아도
언제나 돌아와 제 자리에서 숨 쉬어 오는 거예요

물체가 돌아서 가듯이
언제나 그 자리에는 그리운 이들이
자박거리며
물소리 같이 내듯이
정이 스물거리고 있는 거예요

언제나 같이 댓잎 스산히 밀리는 듯
쓸쓸해 하지만
그 자리를 밀어버릴 수 없어
언제나 같은 자리
같은 생각으로 몽둥거리면서
만나기를 소원하면서

기다림에 사무쳐 있는 거예요

그래요
밀리고 닫혀버린 문틈으로
빼꼼히 얼굴 내밀고
웃음 띠우며
제 자리에서 홍겨워하는 거예요

사랑이라는 것

연보라 마알간 눈금이다

물그나무 서 있는
나무 그늘 밑에
숨어서
숨 쉬는 향기다

너무 고와서 눈물이 날것 같고
저만치서 서성이는
풀꽃같이
바람에도 설레이는 빛무늬다

언제나 보면 새잎 돋듯
자분대며 숨 쉬어 오는
향기다

새 풀잎 돋아나서

연초록 풀잎들 끼리
도란대며 논다
물소리 자잘대면
그 가장 자리에서 논다

한두름 바람이 몰려오면
움츠리다가
구름이 골지다가
빗방울이라도 내리면
파르라니 떨다가

연초록 풀잎은
파란 빛살 무늬를 키운다
물소리 자잘대며
그 가장 자리에서
너울 너울 춤을 추며 논다

기억의 창

동화같은 이야기를 추스리고 있다
금채 짜 느린
순이의 머리칼을 헤아리면서
밤벌레가 밀고 끌고 있다
달은 정자목에 걸려 있고
돌아간 사람이 오기를 소원해 두고
기원을 끈처럼 늘여 놓고
순정을 묻고 있다
향나무 둘러 놓고
이웃 사랑을 구슬처럼 꿰 달아
두레박에 얹어 놓은 기억을
주렁주렁 매달아 본다
수심 깊은 우물물에
기억을 띄워도 본다
사람은 가고 사랑만 남아
밤벌레 처연히 우는 까닭에
밤벌레 처연히 우는 까닭에
동화같은 이야기를 추스리고 있다

바다 이야기

은편 찍어 내는
바람과
바람의 날개가 희게 나부껴 와서
바다는 아름다운 사랑의 시를 쓴다

물줄기 위에 앉아서
꽃을 피우는 수초는
작은 숨소리를 내며 사랑으로 손짓한다

물붕어의 비늘 몇 조각이 모여서
수평선 아늑한 길을 열고
햇살은
물의 평형 위에서 빛을 키우고 있다

이쯤에서
삶의 골진 잔해를 털면 어떨까
삿갓이라도 걸치고 앉아
시름쯤은 다 털어내면 어떨까

편편이 나부끼는 물의 이랑에 서서
사랑의 시를 쓰기도 하고
바닷물 소리
조용히 피안을 넘나드는 바다이야기를
쓸어 안기도 한다

산능선에 오르다가

철새는
끼욱 끼욱 앉아 울다가
평형의 날개를 거느리고
많은 이야기를 남기고 간다

미련을 두고 떠나면서
울어댄 자리에 앉아
내 삶을 유추하면서

새와
나의 세월과
사랑을 불러 놓고
모두 떠난 빈 자리를 본다

서산 너머로 구름이 걸쳐서
머물러 있고
송화가루 뿌려대는
산비탈 고랑진 자리엔

풀잎져
제 자리에 눕기를 소원한다

철새는 자연의 섭리를 거부하지 않기 때문에
바삐 날아가고
나는 그 자리에 서성이는데
머리는 왜 고단하다

땜이 된 자리에서

내 부모가 태어났고
윗분 조상의 터여서
여기서 살았노니

산수 풍요로이 풍경을 띄워
물소리
날짐승 뛰어놀고

밭고랑 사이마다
어머니의 사랑 묻어 숨 쉬어서
그렇게 사모에 차 올랐는데

수심 깊은 물이 담겨 있습니다
흔적마저 메워 있습니다
빗줄기 사납게 풍우쳐
패장의 자리를 보고 있습니다

빈 수레만 돌아가고

돌아가는 자리에
어머니는 아마 울고 있을 것이고
옛날의 언덕을 보고 있습니다

雪門寺의 소나무

원무를 추라

처음도 끝도 없고
미움이나
욕망도 털어 내는
숨결 마디

구름 걸친 문 틈으로
흘러서
흘러서 내는 풍경과

경내를 쓸면서
무심결에 흘린
몇 점
주문을 들고
조용히 숨 죽이며 걷는 사람들이
발을 멈추고

누천년
청사를 쓰다듬는
노송과 같이
잔잔히 돋아 나는
원무를 추랴

돌멩이 구르는 산에서

돌멩이 하나가 굴러 내리고 있습니다
산자락 아래에 까지
굽이치면서
나의 세월을 몰고 내립니다
비바람에 횱힌 채
반월을 깁고
까만 돌멩이가
장솔밭 모서리로 내리다가
머물고 있습니다
어느 아침에는 사금처럼 빛을 내고
어느 저녁에는 절망을 말아
헛개비처럼 돌다가
나뭇잎에 가리어 있습니다
어둠을 어찌나 두려워 하는지
눈을 감아 버리고는
달빛이 찾아 준 까닭을 까맣게 잊고
밤인지만 알고
어두운 세월을 몰아가고 있습니다

雪門寺 記

청도군 운문면 신원리 1789번지
운문사 수려한 숲과
도도한 풍경이 지평을 깔아내리고
천수를 헤아리는
묘향을 품어 내는 소나무
구름떼 떠 받치고 있다

구름을 헤집고 승천한
용의 꼬리채 흔든
구름다리 위에 서서
청수를 거느리고 어디론가 가는
물줄기 따라가 보면
용마루쯤
아직은 휴식의 세월이 멈춰있다

명성 승님은
조금씩 조금씩 높여 세운
그 언덕 모서리에서

목석처럼 서 있되 말이 없다

가고 오는 것이 그것이라고
속 아파 하는가
속 아픈 정경을 어루는가

후박나무 잎소리
멀리에서
채근대면서 오거늘
연민에 사무치면 칠수록
풍경은 야물채게
생명의 인자 앞에서 떤다

단 하나의 휘어찰 힘을
모으지 못한 채
점 하나에 지나지 않는
내 부피를 키운 사랑을 물으면서
청도군 운문면 신원리 1789번지
운문사의 산 아래로 내려와야 한다

대비사 오르는 길에

목단이 무더기져 담위로 오른다
산까치 길쭉 언덕받이에서
손을 맞아 운다

수려한 풍광이 물비늘을 튕기고
은무리진 자리에서
햇살은 앉아 논다

석탑 위로 담쟁이 넝쿨
자분대면서
돌을 휘감아 오르는 자리

능선 따라서
가파른 골짜기를 굽어 보고서
대웅전 풍경은 홀로 떨고

바람처럼
세월처럼

오고 가는 삶을 엿들으면서
청도의 산비탈
큰 자리에서
우는가
웃고 있다

잃어가는 생활

산그림자
다닥다닥 붙어서는
전설같은 이야기를 풀고

때로는 창을 두들기는
겨울의 우박처럼
때로는 마지막 삶의 찌꺼기까지
쓸어대는
바람 날리는 채끝처럼
우리들의 삶을 두루 감고서
홀연히 떠나는
풍장처럼
흘러 내리는 것

향으로 떨어대는 가을 뜰의
들국화 송이송이
산화해 가는 날
그 날마저 산그림자 져

황홀한 아픔으로 떠돈다
전설같은 이야기를 풀어낸다

내장산 호수

잡목림 한그루가 길을 비껴섰을 때
오색 영롱한 빛살의 낙엽은
사람들을 따라 나선다

바람이 스믈대고 올 때에는
잎은 꽃잎보다 곱게
사랑의 숨결을 거느리고 있다

호수가 유난히 은편을
쪼아대고 있을 때
구름다리 위로 오르는 사람들

작은 소나무 사이마다
얼굴을 디미는 사람들
사람들 얼굴 사이엔가
나뭇잎 벌겋게 물들고
잡목림 한그루가 마지막까지 남아
가을의 정수리를 닦아내고 있다

청운사 주변에서

삶은
어짜피 먼 길을 가는 것인데
여기쯤 쉬어가면 어떨까

층계 논두렁 위로는
상여집이 놓여 있는 걸
보기는 보는데
길은
아직 멀다고 느끼는데
하소 백련
질펀히 널려있는 바람 끝에
걸려서
놀아대면 어떠할까

지금쯤 산에 오르면
찔레 꽃대궁
소근댈 것이고
하얀 박꽃이 별처럼

성글게 길을 밝힐 것이고
삶은 도란대고 있는데
여기서 쉬어가면 어떨까

바윗돌을 보며

성근 돌 틈을 짚고
물이끼
아직 파란 자태인데

휘감는 세월이 무겁게 눌려
까맣게 그을리더니
바람은 여기서 앉았다 간다

무심한 것
그것이 삶이라고 이르면
자연은 하나의 촛대처럼
붓꽃을 피우고

오솔길 따라 나서면
죽는 것
사는이 법을 줄줄이 세우면서

나와 나의 내용의 일들과

돌아간 일들을 돌이키게 하고

성근 돌 틈을 짚고
이끼풀
파아란 싹으로 돋는다

마음의 경계

마음의 경계 삼으면
진실은
바로 거기에 있고

그 마음 밀고 끌면
행복은
거기에 있는 것을

경계로 삶을 닦아 내리면
꿈은
언제나 내 앞에 있다

길은 하나로 있고
길은
길로써 이어지면
거기가 삶의 길이 아닌가

산에 오르며

청산은 저기인데
산으로 가자

산꿩 나르고
산토끼 능선을 누비는
산풀 이글 이글 출렁거리는
구름 절찬 산으로 가자

산태목 산고랑에 줄비해 있고
칡넝쿨 오솔길을 느리고
찔레꽃 봉긋이 숨 쉬는 곳

산비탈 따라 흐르는
계류의 물소리와
빽빽이 들어찬 푸르른 소나무와
바위 휘감으면서 숲이 쌓인
산으로 가자

언덕베기 넘으면 고향 마을
고향집 굴뚝에 하얀 연기 솟아 오르는
청산이 저기인데
청산에 가자

금강가에서

강은
남향의 햇살이 키운다

은무리끼리 맞닿아 노니는 자리엔
물붕어의 비늘이 돋고
금빛 짜 느린
옛날의 이야기도 같이 와 논다

갈숲 줄기마다
찬바람에 채여 떨고 있는 동안
파란 잎이 숨어서 돋고
철새는 그 다리에 와 우짖는다

금강물 넘나들더니만
강은
언제나 남향으로 흐르고 있다

산길을 걸으며

청솔잎 묻어난 뜰
산까치
날아와 울고

두란 가꾸는 잔디
파란
풀잎인데

산향이 길을 닦고 온다
꽃바람도 피운다

내장산 풍경

열져 지나는 세월
산사의 풍경에 떤다

바람 여민 호수
나뭇잎 떨어져 놀고

내장산
산이 붉은가
붉은 물결이 일던가

망부석 서 있는 자리
맑은 물 넘나들고

나그네 발길에 채여
뒹그는 낙엽인데

산자락 휘감는 노을
꽃과 같이 굽구나

자목련

끊을 수 없는 업보이기 때문에
차라리 미움을 여미면서
삶을 묻고 있노니

고달픈 행로가 끈적거리다가
찬이슬노 마다 아니하고
눈물처럼 걸어 두고

서러운 날을 불러 세운 까닭에
피처럼 튕겨서
타오르는 꽃
꽃의 불바다여

탑신처럼 쌓아 올린
울타리 넘어
목만 길게 늘이고

시름을 물어 나르면

바람은 고개 저어 오고
그래서 서러운 눈엽 하나 남기고
알몸인 채 떨어 댄다

관계감

관계와 관계에 있어서
지혜는 덕으로 행해야 한다
욕망은 사멸을 낳고
사랑은 욕망을 제어하는 데 있다

왜 바람이 부는 것인가
왜 바람이 불 것인가
그 까닭을 헤아릴 줄 아는 사람은
지혜의 밭에서
꽃을 피우고
향기를 풍길 줄 아는 사람이다

어느 문루에 들어서면서
오랜 날의 삶을 보는 것은
오늘도 이 이후에는
행복에 대한 경건한 몸과
몸짓을 가꾸자는 것이다

도라지꽃 연가

언젠가 동경한 하늘이
수채화처럼 널려 있어서
나는 고운 풍경을 보고 있다
산태미로 나뭇잎이 다 타고 남은
재 한바구니를 가슴에 안고 와
뿌리시던 할머니의 숨결을 본다
그 숨결 마디마디 결고운 무늬의
풍경화는 하늘색 닮아
청초름한 세월과 같이
늦가을 뜰을 닦아내고 있다
풍경은 우리들 인습의 가지에
꽃피우면서
사랑과 슬픔과 그리움을 한번에
불러 주고 있어서
내가 그리든 동경의
세월은 하늘빛 닮은
수채화로 떠 오르고 있다

제2부

북악산정

지장보살 앞에서

전생에 연이 있어
끈끈이 맺은 인연이 있어
여민 옷섶 안은 채
무량의 터널을 건너보는가

무심중에 말문을 열고
좌장한 당신 앞에 서서
자비를 묻고
탑신을 세운
탑신의 끝을 응시하노니

바람에도 날릴 것 같은
미소
미소를 끓어 앉고자
그 길을 막고 있습니다

누천년 오랜 세월을 끄시면서
바위는 까맣게 그을려 있고

그 바위 틈으로 흐르는 물줄기
물줄기 소리도 함께 안으면서
긴 죽장 끝에 연화처럼 타오른
저 불의 점화를 서둘고 싶습니다

연화 돋아나서

연화 잎처럼 가녀린
무구한 안쪽에 묻히고 싶네요
때묻지 않은 순정을 꺼내어
고운 보자기에 싸고
가슴에 꼭 안고 싶네요
바람이 밀리면
온 몸으로 감싸 안고
채광이 번쩍이면
참 고운 빛무늬 속에 묻히고 싶네요
연화 잎 널브러이 돋아나고
연화 꽃은 피고
저만치에 밀리어 서면
더 이상 밀리어 가지 못하게
가는 길 앞에 와 있네요

쑥국새 울음

쑥국새 운다

온 몸
부끄러워서 숨기고는
마침내 사랑에 운다

불러도 회신은 없을 것인데
질퍽거리는 소리
갯벌의 폭음처럼 한꺼번에
한꺼번에 오열로 신음하고 운다

숲으로 장막을 치고
쑥국새 메아리쳐 오듯
밤하늘의 별을 흠모하고 운다

비탄에 젖은 날

오장육부를 흔들어 대는
바람 때문에
움직일 기력을 잃고 있습니다
더 세찬 바람이 불어 온다면
아마 주저앉고 말 것 같습니다
어느 땐가는
내가 오르는 능선에 무릉도원이 있을 것
같아서 올랐지만
어느 때부터인가
바람만 가득 밀려와
기막힌 셈을 하고 있어서
전신은 많이도 수축된 채 있습니다
환멸이면 차라리 극기하면서
풍물이라도 울리게 하고 싶지만
앞을 가로 막는 바람은
지축을 흔들어 대는 까닭에
내 몸과 마음은
무거운 돌덩이에 눌리어

침묵으로부터 찬란한 공포를
조성하고 있습니다
밤보다 더 캄캄한 절망을 두고

한 사람의 소식을 묻고

참 많은 날을 두고
확인할 수 없는 사람
사멸의 바람만 밀리고 있다
안부를 묻고
안부를 받아들이는
그런 풍경이면 좋으려니
산태목처럼 쌓인
초조와 불안과 그리하여 밀친 것
급물살 일 듯 넘치다
비수에 잘려버린 것 같다

의심으로 돋은 일이라면
한가지 위안으로 남겠지
그냥 거품으로 부풀린 근심이라면
정중하면 되겠지
사초에 덮힌 듯
피안의 고개 너머
허공을 쓸어 대고 있다

화려한 이별

상투꾼의 가락처럼
미련을 불러 내면서
산능선을 오르는 것과 같이
경건하게
영혼의 앞마당을 쓸어대고 있습니다
부르면 부를수록 마음을 에워 쌓는
탑신 하나가
무심중에 말씀을 나누다가
고랑고랑 들어찬
사랑이란 이름으로 와서
화려한 이별을 노래하고 있습니다
누가 언질을 얹어 주는 것은 아닌데
예견이란 말이 있듯이
충직한 사랑이란 무엇인가
충직한 행실이란 무엇인가
그것을 망언한 채
삶을 갈급하고 있습니다
저 산모롱 넘어서는 노랫가락처럼

정중한 이별을
막 노래로 시작하고 있습니다

산가

갯벌을 헤치고 있는 것은
큰 이빨을 가진 바닷게가 아니라
나의 흩뿌려진 유년의 숨결 때문이다

노을이 벌겋게 타오르는 것을
보고 있는 것은
하루가 저물어 가는
까닭 때문이 아니라
내가 모르고 지나온
내 육신의 핍박 때문이다

지나서 가는 것
그것이 안타까워서가 아니라
그 섭리를 헤아리지 못한 자책이
나를 몹시 우울하게 만들고 있어
끝내 방황하고 있는 것이다

차단의 삶

정이 얼려 있기 때문에
그리운 것이 아니라
목숨이 소중해서
부르며 목매는 것입니다

한참을 잊고 사는 일이야
고단한 몸짓으로 남을 것이나
정과
살맛과
그것들이 묶여 그리운 까닭에
죽음은 파멸이고
절망이기 때문에
더 아픔에 목매는 것입니다

돌아오는 길이 있으면 하지만
내가 두려운 것은
그 길이 있기를 소원하면서
삶과 얽힌 생활을 엮다가

차단한 삶을
두려워서 목매는 것입니다

사슬을 풀면서

그럴래요
의미와 인식의 둘레에서
관망해 보았지만
스치고 지날 것인데
누적된 번뇌만 쓸어 안고
그리움만 키우는 것은
발을 묶는 까닭이어서
훌훌 털고 일어날 수 있도록
사심을 지울래요

노래는 물소리 잔잔히 흐르듯이
그렇게 젖어 흐를 것이고
추억이 골골이 묻어나면
그것은 아름다운 옛날로 가고요
밤피리 젖어 흐르면
흐느낌을 묻는 것이 아니라
연보라 빛살의 무늬 걸려
내 삶의 자장에 묻어 놓거니

그럴래요
한두름 모과 잎새 틈에서
잔털이 몽골몽골 피어나듯
그때 순정의 고랑을 따라서
노래만 키워 놓을래요

나 하나만을 위한 소녀에게

꽃댕기 하나 없고
야들한 미간을 세운
나의 소녀야

바람에도 뉘엿뉘엿 밀리면서
사랑을 위한
사랑의 손을 걸며 주는
소녀야

금발을 짜 느리곤
금발의 빛살 띄우면서
머리끝엔가
사랑으로 떠는
사랑의 숨마디 곱게 젓는
아마도 먼 날
그런 날의 이야기를 하나씩 덜어 놓고
참 고운 웃음을 띄우는
나의 소녀야

변명은 무능이다

모른다는 말은
한가지 변명에 지나지 않는다
따라서 긍정할 사고를 부정하는 말에 지나지 않는다
스치는 것
그것을 부끄러워 하지 않은 것은
미래를 포기하는 것이다

나에게 있어서 부끄러움이 무엇인가
나에게 있어서 무엇을 빼앗기고 있는가

내 게으름과 같이
내 삶은 파열음에 묻히고
그러므로 삶을 꾸미었다 할 것인가

몰랐다는 말은
양식의 부정에서 비롯되거늘
스치고 지나는 시간의 울타리에
삶은 삭막에 떨고 있다

북악산정

네온 빛살은 산정을 키우고 있다
입추의 언덕을 떠도는 바람과 같이
나뭇잎과 같이
밀리고 밀리어 간 전설을 키우며
서울의 하늘을 키우고 있다
산줄기 확 막아 맨 아스팔트 위로
가로등 불빛은 한낮을 부르고
저물어 가는 세월을 잊은 채
풀잎은 마지막 남은 향기를
쓸어대고 있다
노래마저 잊고 살아 온 사람은
산정을 오르면서 삶을 묻고
사랑을 부르고자 하는 사람은
산정에 오르면서 사랑을 노래한다
밤은 타오를 뿐만 아니라
사랑을 위한 경건한 숨을
쉬게 하고 있는 것이다

나룻터에서

강나루
휘감은 물빛
유장에 떨고 있다

물새
앉아 놀다
수평선 너머로 가고

부르는 소리
한줌
꿈은 아스라이 밀리고 있다

부는 바람은 왜 설레이고
설레는 마음 아득한 날을 부르고

강나루
휘감은 물빛
노을진 자리에 앉는다

사랑가 · 1

노래의 한 음절씩 묻힌
사랑같이
그리움도 닦아 내고는

강아지꽃 대궁에 맺힌
수술처럼
찬 세월을 불러 내고는

고향녘
오솔길을 걸어 가다가
갈잎 우수수 내리면

나에게 이른 꿈이
별처럼 반짝이는
외딴 거리
한웅큼
사랑도 음절 지어 떠돌아
여기서 운다

사랑가 · 2

그 사람이 남긴 자리가
너무나 큰 탓에
그 자리를 미울 수가 없습니다

많은 것
몰고 와서 미우고 싶지만
미워지지 않는 자리

영혼으로부터 숨쉬고
삶으로부터
슬기를 엮어 내고

물빛이 각인된 채
물수레 돌 듯 돌아난 자리
그 사람이 남긴 자리가
너무 큰 탓에
어떤 이유로도
그 자리를 미울 수 없습니다

산빛 소곡

산향
산 돌아서
산길을 간다

청산에 살자
청산에 가자

개울물
산향에 취해서 놀고
새는 노래한다

청산에 이르는 산에 가자

산향
산 돌아서
산길을 간다

유년의 산가

내 유년이
파아란 풀잎에 묻혀 있을 것 같아
육모정 아래로 흐르는 늪을 바라보고 있습니다
한들거리는 바람과 더불어
꽃으로 돋을까 조바심 대면서
전설은 피워 오를 것으로 기대하면서
조잘대는 물소리와
언덕베기로 넘어가는 하얀 뭉게 구름과 마주하면서
귀를 기울이고 있습니다
참 많이 넘어간 세월은 내 정수리를
잡아 들이대고
톱날처럼 날카롭게 회전하는
이랑과 이랑 사이에서
아마도 잊었던
아마도 그리워서 몹씨 나를 서운하게 하는
옛날을 불러보고 있습니다
파아란 풀잎 돋아난 옛날의 자리
그 자리에 와 있습니다

무제 · 1

사랑은 머물지 않고
뒤돌아 보지 않고
가는 것

사랑은 가는 세월 앞에서
부를 힘이 없어
보고 있다가
그리워서 절망하는 것

점을 찍듯이
남겨 놓고
부르는 노래이거니

아마 옛날이 묻었으리라 믿는
바람 여미고
바람 소리 엿듣거니

사랑은

정점으로 타오른다
빛의 무더기로 지는 것

무제 · 2

그가 꼭 올 것만 같아
바람에도 놀래워 하고 있습니다
세월이 지나면 따라 가면서
사랑을 표적에 두었지만
무성히 자라버린 세월을 뒷전에 밀려
생활은 메마른 뜰처럼 삭막했거니
돌아올 수 없이 너무 멀리 지나간 날을
마침내 불러대고 있습니다
누가 꼭 올 것만 같아
길 저편까지 고개를 늘이고 보지만
바람은 내 뜻으로 다만 울부짖습니다

폭풍이 몰고간 자리

그렇다
태풍이 지나간 자리
파아란 풀잎도 자지러졌고
언제나 첨탑 모서리에서
햇살보다 찬연한 빛살이
자취마저 사라져 갔고
빠르게 저물어 가는 나뭇잎마저
떨어져 가고 있다

방파제에 올라야 하는데
마지막의 자리마저 없다
다만 파편처럼 흔적은 나부끼고
빨리도 달아나버린 세월은
하나의 사랑과
하나의 그리움과
하나의 아픔을 불러내고
돌맹이 여기저기로 널려 있는
그 자리에 서서

나는 산신에게
나의 기원을 띄워 놓고 있다

천년의 나무 아래서

천년의 세월을 돌려 놓고
이랑마다 들어찬
바람의 의미를 물으면서
답하면서
때로는 바람과 같이
때로는 물소리와 같이
바윗돌 깔고
오랜 침묵을 깬다

천년의 세월을 부르면서
노송은 의연하고
굴곡의 벼랑을 끼고 앉아
초연한 삶을 엮지 않는가

천산을 우러러 엮어 내고
흐르는 것
소리치는 것
모두 끓어 안고

천년의 세월을 엮어 놓고
모든 것 보고 가라 한다

잃어버린 아픔

세월은 가는 것이고
급히 지나가기 때문에
서러운 삶을 묻는 것은 아니다

삶을 회전시킬 기능이거나
삶을 연모해야 할 열정
삶으로 숨쉬는 사랑의 밭을
가꾸지 못한 무지 때문에
서러운 것이다

세월이 가는 까닭과 같아
삶은 멈춰 있지 않고
지나는 것이다
지나가는 삶을 맞잡고
숨쉬고
인내해야 할 것인데
빼앗긴 것
잃어버린 사람 그것이 서러운 것이다

세월은 가고
삶은 멈추지 않는 것
그것을 잃어버린 아픔 때문이다

산빛 단상

산빛
지천을 덥히는 날이면
산향에 묻히고 싶다

산들바람 여민 풀잎은
오솔길이 키우고
벌나비
오솔길 따라서 논다

언제나 가슴에 묻어 논
옛 이야기
산길을 지피면
동화처럼 피어 오를 것 같고

가지마다 매달린 꽃이야기
희긋희긋 베이면
사랑도 따라 베일 것 같아
산길을 걷고 싶다

무거운 짐 때문에

몇 번이고 물어도
이야기는 벽에 부딪쳐
흘러 내리고
앞은 먹구름 속에 묻혀 볼 수 없다
세찬 바람이 밀려 오고
소나기가 줄기차게 몰아 오는 날에
여행을 떠난다
행선지가 어디쯤일지
그것은 그리 중요하지 않다
낙뢰가 묻혀버린 길을 밝힐 수 없지만
그런 빛마저 염원하면서
절박한 사유의 능선을 타고 싶다
천둥이 우르릉 대고
난간 쪽으로 걸쳐 있으리라 믿는
어느 부유한 시절을 상정하면서
무수히 쏟아지는 이야기를 걸어내면서
보이지 않는 길
막혀 있을지 모르는 길이지만

갈 때까지
길을 걷고 있다

제3부

천년을 두고 기다린 바위

꿈의 이삭 · 1

구름이 뭉게지면서
지나네요
묻혀버린 이야기를 전설로 뿌리고
밤 깊은 수렁으로 빠지네요

지축을 흔들어 대듯
요란하게
빛처럼 반짝였다 지나는 것
꿈이던가
사랑인가 그 모든 것
던져주고는
바람처럼 사라지네요

모두가 부질없다고 달래도 보지만
내 인연의 끈에 묶어
바짝바짝 다가서고

호밀대의 높이만큼 돋우면서

빈사의 하늘에 꽂힌
내 삶의 이력
그것마저 하나씩 밀려가네요

꿈의 이삭 · 2

구름 걷히랴 싶어
뜰 앞에 서성이면
어느 성좌에 꽂힌 이야기가
성큼 다가오다가
밤인 까닭에 지워지고 있습니다

다만 뒷전에 맴도는 것
그것이 무엇인지 기억할 수 없지만
물레가 돌아가듯
스믈대고 있습니다

귀향이라는 것
가슴앓이 하면서 찾아가지만
한 겨울의 빙하처럼 얼어붙어
앞을 향할 수 없고

연기처럼
어느 집 문전을 쓸어 대는

바람 소리
무서운 속력으로 솟구치고 있습니다

빈 뜰에서

엊그제 향기가 뜰을 쓸어간 자리다
바람은 차가웁게 밀리는 것이 아니라
향기를 찍어 바르기에 이르렀고
설레임과 꿈으로 덥힌 자리다

등나무 등걸 사이로 햇살은 뭉개지고
아이들은 몇씩 짝 지어 담소하고
생활을 설계하고
사랑을 키우면서
삶을 가꾼 자리다

나는 그 자리에 와 있다
푸른 잎
향기 지천을 덮고 희식희식
웃고 있었다는 흔적의 자리에서
잎이 지고
꽃 향기마저 출항한 지 오래인
빈 뜰에 와 있다

잎은 무심하게 늦가을 길을 가꾸고
바람은 실의의 손끝을 걸어
방향을 잃고
차가운 입김만 찾아 온 뜰에 있다

재를 넘으며

재 넘어가면
내 유년이 상수리 밭에 끼어 있다
수림 울창했고
토끼가 뛰어 놀았고
한 겨울이면 꿩몰이로 뜰을 불지핀
터질목의 뒷산
동화같은 이야기가 아직 살고 있다
둔덕을 넘으면 골골이엔 물소리 젖고
돌맹이 사이를 뒤척이면서
가재 발톱사이로 돋은
내 꿈은 주저리 지피었거니
낙엽수 밟으면서
바람 차가웁게 가슴 여미는
계절의 뒤란을 쓸고 있다
지워져 가는 기억마저 놓을 수 없어
참 오랫동안 해가 뉘엿한
뜰을 보면서
나는 깊은 잠에 취하고 있다

자성의 변

겨자씨만한 사랑 하나라도
뿌릴 수 있다면
진정한 의미의 삶을 호소해야 합니다
방종과 시기를 물리칠 힘이 있다면
우리들 이웃에게 순종을 위한
종의 자세에 머물러야 합니다
고단한 삶이 무엇입니까
물질의 핍박이 무엇입니까
그것은 허상일 것인데
매달리면서
애원의 삶을 상정해야 합니까
노래는 언제나 개울물 흐르듯
흘러야 하는 것
흐르는 사유의 능선이 순리일진대
비바람이 자성에서 젖으면
그것은 하나의 삶이지 않습니까
큰 것
작은 것은 원래 다른 것이 아니고

마음의 입지에서 자생하는 것입니다
기우제를 지내는
시절의 도랑을 눈여겨 보면서
길을 걷는 일
그것은 삶의 충직한 종복일 것입니다

군자란

석류알의 빛살보다 더 많이
영혼을 맞잡은
순결을
끄시면서
하늘을 우러러 본다

어느 탁자 위에
모르면서부터
빛은
눈부신 섬광을 걸어 울리고

자비와
인습의 눈금을 긋고
사무치게 그리운 사랑을 부르면서
하늘로만 솟구치고 있다

옛날이 그러듯이
삶의 맥박처럼 뛰는

장중한 빛살무늬
울안 가득히 얼리고는
군자의 도량으로 풍미한
세월을 감아 올리고 있다

지평선

지축을 흔들어 대면서
꽃은
향기와 같이
지평선 넘어로 간다

만경 뜰을 휘감고
강물은
은물살로 흘러서 가고

코스모스 야들한 웃음과 같이
노오란 풋과일과 같이
가을녘을 안아 들이고

오랜 기다림 끝에
꿈으로써
삶의 숨결마다 다둑이고

끝이 없이 이어 난

뜰인데
풍장은 근사하게 울리는
소리의 마디마다
향기의 바람은 놀아대고 있다

떨어지는 나무

물푸레 나무 가지 끝엔
영롱히도 찰랑이는 눈물이 있다
돌아보지 않고 지나가는
세월이 있다

넓은 방죽 도랑 사이에서
나와 똑 같은
시름겨운 날을 불러 세우기도 하고

해오라기 날아와 가지끝을 흔들면
그때도 눈물 겨워서
눈물을 흘리고 있다

가는 것
모두가 무심한 것일진데
한번은 절망하면서
소스라치는가

물푸레 나무에 안개인가
구름인가 널려있고
가지 끝에
내 눈물도 같이 베일 것 같다

소묘

고독한 밤이여서
사랑은 언제나 타오르고 있습니다
화로불이 벌겋게 타듯
열망에 사무치고 있습니다

밤벌레 우짖는 소리
어느 담 너머에서 개짖는 소리
아마 환상을 좇아대면서 외로워하는
나를 보고 있는가

물속 깊이까지 달빛은 스물대고
가을 나뭇잎 달빛따라
유장의 떨림으로 있습니다

돌아가 아주 먼 기억만 남는데
문풍지 소리
잔잔한 파장으로 일더니
잊어버린 날을 부르고 있습니다

산신당 지나다가

당사실 늘여 놓고
소원 하나
걸어도 놓고
밤이면 길 떠난 사람
올까
길가에 나서는데

나무 끝자락에 달은 뜨고
먼 길 밝혀서
그가 올까 기다린다

무시로 돋은 바람 소리
실개천 빠져나와
뜰을 메우고

산신당 지나다가
멈춰 서서
소원 하나 걸어 둔다

가을 들녘에서

고추 잠자리
고추밭을 돌다가
온 몸에 고추물 들어 벌겋고

병라 통통 여물어 가면
촌부는
고향 찾은 손주의 손 끝에
가을 풍요를 쥐어 주고

논두렁에 열져 피고 지는 박꽃과
노오란 호박꽃잎
몇 개씩 피어난 자리에서
하늘을 본다
가슴에 기원을 담아 엮는다

올 팔월은
유현에 떨기도 하지만
촌노의 가슴에 사무쳐 오는

혈연의 정
정이 남다르다 하는가

고추 잠자리
고추밭 이랑을 돌고
곡예를 썩 잘 부리고 나르는
잠자리의 날개를 본다

산에 오르면서

산은
무거운 마음을 덜어 준다
산은 인생의 길을 일러 주고
산은 생활의 아름다운 경지를 밝히면서
꿈을 키워 주고 있다

산은
산사의 풍경을 걸어 놓고
더 나아갈 것과
멈출 것을 알려 주면서
구름 묻힌 자리에서
신선의 손짓을 하기도 한다

세속에 묻혀 때묻은 것은 무엇인가
고뇌하면서
아픔을 떨게 하는 것은 무엇인가

산은

높이 오를수록 삶의 길을 밝히고
삶을 아끼고 가꾸는
까닭에 이르고 있다

선택된 사랑

너는 하나의 사랑을 솎아내면서
또 하나의 불을 밝힐 줄 안다

한치의 키 높이 위에서
바람을 일으킬 줄 알고
또 하나의 작별에 예행연습 할 줄 안다

순정을 심지에 태우면서
무심함을 지켜보는 사람
그 사람을 위하여
너는 너의 영혼을 어떻게 가져갈 것인가

체념으로 태워가면서
비창에 꽂힌 환상을 엮고 있는 사람
그 사람을 위하여
너는 너의 영막을 어떻게 두드릴 것인가

결별은 어짜피 맞게 되는 것인데

사랑을 위한
사랑의 노래에 경건할 줄 아는
신앙을 맞을 수 있는가
너는 하나의 사랑을 솎아내면서
또 하나의 불을 밝힐 줄 안다

청운사에서

어느 선사의 손짓에 묻어나서
정갈한 몸짓으로 다가왔는가
사람이 사람으로써
삶의 평화를 부르면서
투명한 빛살의 꽃눈을 틔우게 하는가
바람도 유현에 떨다가
뜰잡아 지피더니
푸르른 잎새 사이사이
가만이 돋고 와서
향기로운 숨결을 모두고 있는가

저만치 한가로운 자리이던가
풍경은 청운사 뜰을 미우고
자비의 손을 주는
우리들의 풍장이여
어느 선사의 손짓이 묻어나서
나와 마주하는 사랑을 찍어 온다

잔디밭에서

내 울밑에
나팔꽃이 모여서
아침 이슬이 쓸어 담고 있다

뽀뿌라 나무 몇 그루가
가을을 불러 놓고
서글픈 작별을 하고 있다

금잔디 질펀이 널려 있어서
잔디밭에 앉으면
나팔꽃과
뽀뿌라 잎이 서로 마주 보고
나의 세월을 물어 오기도 한다

얼마나 많은 날을 보내면서
소중한 인연을 묻어 두고
소중한 인연을 풀어 내면
사랑은 그리움에 사무치면서

연민에 떨려 난다

박꽃잎 희게 얹었다
시들어 가고
마른 풀잎 하나가
내 등 뒤로 구르고 있다

보름날의 산책

어디쯤 가야 하는지
그것은 그리 중요하지 않고
그냥 길을 나서고 있습니다
푯말 하나가 놓여 있으면
그것을 응시하면서
걷고 또 걷고 있습니다

어느 집 담 밖으로 내밀린
가을 감나무가 벌겋게 익고
산능선쪽으로 줄져 있는 산태목나무가
한 철을 가두어 가고 있습니다
여기쯤 낯익어 오는
가을 풍경 앞에 서성이는데

햇곡식과
햇과일과 나물 무침의 냄새가
오솔길을 쓸어 내리고
저만치 언덕베기에서

보름달이 둥글게 붉어 오고 있습니다
고향 풋말이 여기쯤에 꽂혀 있는 것을
보고 있습니다

들녘에서

콩잎이 논두렁에 올라 앉아
가을걷이를 지키고 있다

볏단을 헤치고 돋은
파아란 풀잎을 응시하기도 하고
보릿잎 싹돋은 자리를 지키다가
바람에도 부대끼면서
끝내는 노랗게 퇴화해 가고 있다

참새가 떼지어 날아 와서
빈 뜨락 마지막 남은 이삭마저 쪼아서 삼키고는
콩밭에 와서
주인의 자리를 내어 놓아라 한다

지저귐 소리 놓이면서
줄기마다 타 오르면서
마른 가지를 연신 흔들어 대고
참새가 가을걷이를 지킨다고 한다

고추잠자리

맴맴 울고 돈다
고추잠자리 마당을 쓴다

해는 서산에 걸려서
물빛에 젖고
물 위에
고추잠자리 날개춤 춘다

소녀의 금발머리 나부끼면
잠자리
소녀의 발끝에서 놀고

때로는 추락의 세월도 묻고
때로는 묻혀버린 세월을 부르고

맴맴 울고 돈다
고추잠자리
하늘과 땅 사이를 오고 간다

신선도

어느 화가의 붓 끝에 서린
평화의 날을 불러
사랑으로 기원을 앞에 묻고는

무심천에 물 흐르는 풍경을 올려
삶의 이치를 엮어낸다
순리와 더불어
풍속이 묻어난 사랑을 엮어 낸다

명리에 민감한들 무엇할 것인가
얻는 것
그것이 부질없는데
욕망의 집 다 집어 던지라 한다

긴 낚시 줄 던져 놓고
신선은 물고기 건져 올리는 것이 아니라
세월을 건져 올리고
흐르는 물소리

구름 지나는 까닭을 주문해 놓고
풀어 가면서
풍만한 삶을 엮어내고 있다

천년을 두고 기다린 바위

구름에 묻혀버린 벼랑
벼랑의 내란을 통해서
회환에 떠는 세월을 보고 있다

물새의 울음섞인 소리는
처연하게 밀려오고
깊은 잠에서 빠져 나와야 하는데
빠져 나올 수 없어
파도가 대신해서 울고 있다

어느 공마당에 가 보아도
기구한 운명을 걸치고
허공을 떠도는 영혼이
버들버들 떨면서
가는 뒷걸음을 응시할 수 있는데

바위끝만 하늘을 떠 이고
마지막 힘으로

구원의 손을 내밀고
천년의 한으로 남아 서 있다

세상은 내 곁에서
하나의 주문을 외우고 있지만
결코 다가오지 않는데
어찌 세상을 원망할 수 있는가

거제도 식물공원에서

여기가 남국인가
이국의 하늘 아래인가

후박나무 물푸레나무 사이에서
잔털같이 얽힌 세월을 유추하면서
야자수 하늘을 꿰 차고 오르자는데
허공에 떠 나르는 바람 소리
유장의 물깃이 서린다

어린 아이들이 동화를 꿰 차고
꿈을 끄시고 놀고
아무 것도 모르면서
그렇듯 어린 아이들의 웃음을
쓰다듬는 어머니의 손길을 본다

푸른 광장
섬광이 한데 솟구치면서
외도의 울안을 다스리고

꽃과 같이
벌 나비와 같이
물바람 여울지는 풍광과 같이
대한 남단 마지막 끝자리에
풀향기 그윽히 스믈대고 있다

제 4 부

허공에 뜬 고향

밤 부두

누가 환영하고 있는가
누가 축복의 손을 흔들고 있는가

선창을 나서 포구로 오르면
구름 묻힌 저 편으로
삶의 메시지를 들고
뱃고동은 운다

천년의 미소
기다리는 손님은 밤부두에 서서
사랑을 두고 기다리고

마지막까지 벤취에 앉아
옛날을 회억하면서
지난 날을 하나씩 풀어 내고 있다

해금강 풍물

환상의 날개여도 좋다
일출이 바다와 산과
풀빛을 쓸어 앉고 있어서
저 비상의 날개쭉지를
여기 서서 헤아려도 좋다

고기를 낚아 올릴 어부가
뱃길을 나서게 하고
뱃길에서 돌아 온 어부에게
삶의 메시지를 보내게 하고

천년의 청사가 한데 묻힌
비장의 삶을 꿰차면서
환상의 바다
동백꽃잎 벌겋게 타는
언덕에 서도 좋다

열대의 풍물이 울고
수국밭에 꽃이 만개한 자리

물새 나르고
삶을 풀어 놓는 자리에
서 있어도 좋다

천년의 미소

벼랑에 앉아 보면 어떠리
수직으로 내리는
갈매기의 날갯짓 풍경을 동경하면 어떠리

세월이 가고
묻혀버린 삶이 그리워서
부르는 노래
노래는 바다 저쪽까지 흐르면 어떠리

촌로는 말이 없이
바다의 난간에 앉아
잊었던 전설을 낚시 끝에 띄워
건져 올리기에 바쁘다

단 하나의 절규를 위하여
사랑의 씨를 뿌리고
언제쯤 트일까 망설이면서
찰라를 위해

천년의 세월을 휘어잡고 있는 자리
미소는 타오르고 있다
간곡한 품을 보이고 있다

거제도 약수굴 쪽에서

삼신산 주령을 넘어서 왔을까
회한이 풀잎을 겁탈하고 있는
수로에서
시련에 떨다가
마침내 약수굴에 이르렀을까
그러므로 효성에 찬 사림이기니
현부이거나
현처가 마지막 절망을 끄시고
간절히 기원하면서
약수굴 쪽에 다다랐을까
금시라도 용왕이 길을 막을 것 같고
먹구름이 파란 물빛을 노하게
흔들어 댈 것 같고
그 어려움의 지경에 이른 사람을 보고
사람의 정성을 보고
마지막 탐복할 자리
누가 약수굴 깊이에 묻혔을까
나는 여기서 그 뜻을 묻고 있다

청운사 연꽃

태풍이 몰려 간다고 이르던 날
청운사 뜰은
태풍이 비껴가고 있다

승복차림으로 있는 사람
신앙의 축대를 쌓고자 하는 사람
무성한 연꽃의 신선함을 즐기는 사람
크고 작은 인연으로 맺은 사람
법고가 울리는 청운사 뜰을 본다

저 티벳의 멀고 먼 이역에서
법고를 울리고자 여기 왔고
마음 어지러운 사람들이
마음 닦고자 여기 왔고
간드러진 바람 자락 쓰다듬으며
연꽃 지천을 쓸어 대는
연못에 선다

하늘 한자락 끝에 햇살
다소곳 돋고
먹구름 스쳐지나간 자리
청운사의 뜰
뜰은 하얀 백련의 숨결로 다숩다

청운사 연밭에서

청개구리 한 마리
물방울을 나꿔챈다

코발트색
청결을 찍어 놓고
이리 저리 굴리면
청개구리
자기의 놀림에 물방울을 좇아대고

바람이 한바탕 너스레를 터뜨리면
청개구리는
잿싼 걸음으로 물속에 뛰어 든다

간혹 청솔잎이 푸르러니
홰를 치면서
소리내는 동안에
개구리는 물장구 치다가
어디로 가는가

육모정 난간에 기대어 있는 사람
그 사람은 연꽃과 더불어
부처님 말씀을 읽어 가고
누군가는 그 기록을 담아
사진기에 온 몸을 담는다

삼신산 기원

상생의 삶을 주오
역풍이 몰아치는 까닭에
기력을 읽고 있노니
이 수난의 길을 빠져나갈
힘을 주오

가는 길은 인연으로 지핀다 합니다
삼신산 자락에 꼭 묻힌
비밀의 삶을 하나씩 부르게 해주오

봉우리 봉우리마다
활끈을 느리듯
삶의 부활을 겨냥하느니
묵었던 일
갈망으로 기원했던 일
한번에 추스릴 수 있도록
기원 앞에
힘찬 한 줄기 힘을 주오

한려수도

국토의 마지막 남단
한려수도로 가자
마지막 국토로 가자

파란 물줄기가 줄기차게 솟구치고
금시라도 노여움으로 출렁이고 있는데

동백꽃잎 지고난 자리
가지마다
바람에 밀려 찢겨 나부끼고 있는데

햇살 한두름이 밀려 오기를 기다리는
수국은 다발진 채 돋아 난
국토 마지막 끝자리를 보자

어디로 가야 할가
파편처럼 널린 이야기들을 줍는데

저만치서 밀봉된 이야기를
꺼내들고 있는
돌탑 둘레
찬란한 금사 짜 느린
한려쪽으로 방향을 두기로 하자

매물도 단상

추락의 세월 앞에서
길을 가는 것은 뱃머리가 아니라
갈매기의 애절한 울부짖음이었다

바람과 폭우가 한꺼번에
밀려오고
높은 파도가 먼저 아우성치고 있었다

벼랑을 딛고 떠도는 먹구름은
한치의 앞을 볼 수 없게 가로막고
사람들은 숨을 죽이면서
수평선 아득한 곳을 바라보게 한다

솟구치는 물줄기따라
뱃머리는 흔들어 댄다
잃었던 날의 이야기는 전설처럼
물줄기 따라 지피고 있다

매몰찬 바람이 묻혀버린
꿈의 흔적을 핥아 대고
뱃머리 위에선가
갈매기만 높이 날아 돌고 있었다

천년송

돌은 어깨 동무를 한 채
천년을 버티고 있고
물은 유유히 흘러 갔다가
하나의 이야기처럼 간절함을
끄시면서 밀려 왔고
돌무더기 쌓인 첨탑 모서리에서
또 천년의 세월과 같이
천년에 이르러 묻은 한을 딛고
천년송 한그루
외로움에 남루하고 있다
비상할 수 있다면
저쪽 산모롱에 앉았으리라 믿는 신령을 불러
세 분의 신령까지 불러
구원을 위한 성찬을 차리고 싶은가
물끄러미 바라보고 또 보면서
뱃머리 돌리어 돌아오면서
인고의 세월이 덧난 나무
천년송이 바람에 떠는 모습을 본다

바람에게 물으면

갯내음 길을 쓸고서
어촌을 다스리고 있다
이른 아침이면
바다로 떠나는 고깃배와
돌아오는 고깃배를 앞세우면서
바람은 앞질러 온다
물새가 울어대는 것 또한
삶의 한 줄기이고
붉게 타오르는 노을녘에
은비늘 주워 섬기는 것 또한 삶인데
늙은 어부는 난간을 딛고
어디를 향하는가
바람이 앞을 질러오면
바람에게 무엇을 물을까
갯벌이 두덕처럼 높은 고랑에
발길을 띠우면서
물기어린 세월을 불러 대면서
노인은 그 물가를 걷고 있다

이산 가족의 만남

가슴에 먹피가 얽혀서
숨이 차 오릅니다
말문이 막힐 수 밖에 없어서
그냥 보고만 있습니다

어디에선가
살아 있을 것만 같다는 생각을
늘어 놓고는
어머니는 장송처럼 서 있고
딸애는 그 앞에서
움직이지 않고
펑엉 펑 울고 있습니다

품안이 그리운데 품을 떠나서
혹한의 세월과 같이
삶은 오열에 쌓였고
수양버들 늘어뜨린 낯선 광장을
배회한 지

삼십 년
온 몸을 옥조여 살와왔습니다

가는 길 하나인데
또 만나야 하는 또 하나
어머니, 이 자리에 서 있습니다

추락하는 세월

수직으로 추락하는 것은
바람과 같이 내려 꽂는
물새의 날개짓이 아니라
버릴 수 없는 세월의 범람이다

환상이 몹시 사나웁게 나가와
제 자리에 앉아 있을 수 없는 까닭에
그때마다 바닷쪽 외딴
섬마을을 나서게 되고

물의 파장이 몰고 오면
수평선 먼 시선까지
걸려 있는
우리들의 인연이 물으라 한다

그럴때마다
언제나 사무치는 이유만으로
번뇌하다가

사랑이라든가
버릴 수 없는 생활감에 묻히다가
파장과 같이
그것들은 한꺼번에 추락하는
세월과 같이 있다

상처난 개의 신음

버림 받은 날에
길 잃은 개 한 마리 헤매인다
어느 주인의 손끝으로 얽힌
개의 목줄기에 끈이 묶여
그 끈에 목이 옥조인 채
길을 헤매고 있다
목의 끝에 조여 상처가 깊고
아픔에 신음하면서
개는 삶을 잃어
사람을 피해 살면서 방황한다
목을 조인 상처가 깊어 죽음에 이르지만
사는 날까지 살기 위해 울부짖고
그 까닭을 본 어린 소녀는
안타까움을 어른에게 이르고
119 구조차는 구제의 손길에 이른다
병원에 옮긴 개의 상처에
수의사는 기적을 이야기 한다
개의 죽음까지 몰고 가게 한 사람은 어디있는가

사람을 그리워해야 할 개 한 마리
사람의 손길이 그리워서 사람을 본다
어느 사람을 부르며 울었던가

바다 풍물기

물은 언제나 흘러 가듯이
세월도 그러이 가고 있다
그러나 굴곡의 곡선을 그려 놓고
비탄과 그리하여 연민에 사무침을 두고
흘러가는 까닭에
삶을 그리워하고 있다

왜 밤비는 산만하게 몰아치는가
왜 그 구름은 몰아치고 있는가

빙하의 언덕을 오르면서
인내하면서
바다가 보이는 능선을 오르고 있지만
언제나 올 것인가
평화의 날을 둑은
인고의 세월을 매달은 끈을 잡고 있지만
아직은 광명을 볼 수 없다

누가 이런 까닭을 두고
운명이라 했던가
차가운 바람이 한테 얽힌
바닷가에서
생성의 물고기 비늘같은
눈부신 빛살을 그리워하고 있다

허공에 뜬 고향

깨끗한 땅
깨끗한 마음이 닿아 있어
고향에 가고 있습니다

허리굽혀 밭고랑을 다스리는
어머니의 손길이 있고
이웃의 사랑이 있어
동화로 피어오르는 고향의 뜰을 보고 있습니다

언제나 마주 앉고 싶은 자리
짚방석 너브러이 준비해 놓고
이웃을 불러 대는 자리
그 자리에 가고 싶어
고향을 불러 보고 있습니다

오월의 철맞은 꽃들이
길을 닦고
논두렁마다 생활을 풀어 놓으면서

꽃향기에 취해도 보고

깨끗한 땅
깨끗한 마음을 피우면서
계류로 흐르는 물줄기
물줄기 소리 내고 있는
고향에 가고 있습니다

숨결로 피우면서

그 길이면 가야 한다
꽃물 뚜욱 뚝 떨어지는
은무리의 비늘이 질퍽한
그 자리면 서둘러 가야 한다

물이랑을 헤집어 가는
송사리떼의 야들한 품사위에서
동화같은 사랑을 묻고
사랑을 줍고

수초가 물가로 휘느린
가장 자리에서
봄빛처럼 타오르는
그 길이면 가야 한다

아주 아늑하고 조용한 산가를
돌아 다니며
새는

사유에 차 올라서
울었던가
아마 울던가

유년의 창

또랑을 굽이 굽이 돌아나서듯
흐르는 물소리같이
바람소리 같이
내 비밀의 창을 열고 싶다

골방에 묻어 두었던 이야기가
낙수져 흐르면
줄기 줄기 따라가서
휘어차고 싶다

사랑에 취기가 돌면
그때
그리움으로 차 오르는 것

사다리에 오르면서
한 발 한 발 걸쳐 놓고서
유장의 세월 앞에 서서
엄숙한 슬픔에 취해보고 싶다

구름 다리를 지나면서

사람이 지나가고
구름 걸친 자잔한 바람이 지나가고
물소리 조용한 뜰을 보면서 흐른다

벌건 꽃잎이 저만치서
타오르고
향을 찍어 나르면서
뜰을 닦아내고 있다

저 아랫녁에서
한 스님이 이곳으로 오고
삶의 길을 엮어 내면서
사람과 사람의 숨결을 쓰다듬고

구름다리 아래로 흐르는 물줄기에
명상 몇 두름을 올려 놓는다
유현이 흐르는 세월을 밀고 끌고
우리들의 세월을 다스리고 있다

청수를 띄워 놓은 물줄기
안에 가둔
돌탑 둘레로 지나가는 사람
그때 구름도 지난다

유성 하나를 두고

유성 하나가 꼬리를 흔들어 대고 있다
댓잎이 끝없이 흔들어 대고 있는
길목에서 머물기도 하다가
그늘진 숲으로 몸을 감추고 있다

까맣게 잊은 이야기들은
돋았다가
어느새 사라져 버리고
공허에 떨고 있는 나는
밤별의 외로움을 같이하고 있다

고단한 삶이 깊으면 깊을수록
사랑은 아름답게 남겠지만
나는 사랑을 두르고
밤깃이 차가운 뜰을 걷는다

산능선 저 쪽에 묻었으리라 믿는
우리들의 양식을 주문처럼 뇌이면서

명상의 깊은 수렁에 빠져있는데
유성 하나가 잠시 숨었다가
지나가고 있다

빼앗긴 삶

언제부터이었던가
사랑은 감추어진지 오래인데
침묵은 무겁게 억눌리면서
사랑을 부른다

사무치게 그리운 것들이
덤풀 사이에서
숨 쉬고 있고

인고의 세월에 묻어난
삶이 소용돌이 쳐서
멈춰 서 있는데

돌아보면 볼수록 아득한
우리들의 꿈은
이미 사장되었고
그 자리엔 하늬쪽 바람만
하얗게 젖어 있었다

관망대에서

백강에 노을 띄웠기에
밀방에 든
세월을 부르고 있다

수초 지천을 깔고
물새
숨어서 놀고

뜬구름 바람처럼
그리움을 엮어 나르든
꿈 담은
사랑을 부르고 있다

부르다
부르다가 지칠 때가지
산능선 굽어보며
우러러 하늘을 보고 있다

선택된 사랑

너는 하나의 사랑을 솎아내면서
또 하나의 불을 밝힐 줄 안다

한치의 키 높이 위에서
바람을 일으킬 줄 알고
또 하나의 작별을 예행연습 할 줄 안다

순정을 심지에 태우면서
무심함을 지켜보는 사람
그 사람을 위하여
너는 너의 영혼을 어떻게 가져갈 것인가

체념으로 태워가면서
비창에 꽂힌 환상을 엮고 있는 사람
그 사람을 위하여
너는 너의 영막을 어떻게 두드릴 것인가

결별은 어짜피 맞게 되는 것인데

사랑을 위한
사랑의 노래에 경건할 줄 아는
신앙을 맞을 수 있는가
너는 하나의 사랑을 솎아내면서
또 하나의 불을 밝힐 줄 안다

학림사 유감

유장에 떨려온 동화 하나가 둥글고 있어
길을 나서다가
학림사 입구에서
봉숭화꽃 코스모스꽃 그리고 잡풀과
잡풀 사이에서
벌나비의 춤사위를 넘겨보고 있었다
인고의 세월이 무엇이며
기다림의 까닭이 무엇인가
생각에 생각을 걸쳐 놓으면서
바람이 자잔하게 넘어오는
오솔길을 따라가고 있었다

수림 사이마다 지피는 것은
산념의 한줄기에 묻어난
빈 하늘이었고
가까이에서 들리는 풍경 소리
적요롭고
사선밖에 걸려 있는 유장의 세월이

아직도 남은 힘을 모아
동화 하나를 찾아 나서고 있다

그리워서 부르는 노래

내 인연의 고리 때문에
미움이나
원망의 자리에 누웠는데
왜 그리움에 사무치고 있습니까

다리 하나쯤 잘려서
움직일 수 없는 일이라면
체념할 것이겠으나
탈없이 움직일 힘을 가지고
움직일 수 없는 것이 미워서
왜 울고만 있는지 모르는 일입니다

삼십 년
한의 세월이 기리워서
어머니 당신에 대한 원망을 붙들고
오열에 사무쳐 있습니다

인연의 고리 때문에

미움을 닦고
당신은 원망을 가까이에서 맞습니다
나는 그리워서
한에 떨고 있습니다

고향에서 줍는 이야기

싸릿나무 엮어서 울타리 만들고
박씨 듬성이 심어서
울타리에 오르는
그 풍경을 줍고 싶었습니다

한 여름 피사리 하는 어머니의 맨발과
정오쯤엔 찬보리밥 상에 올리는
어머니의 사랑을 보고 싶었습니다

옛날에 걸어다닌 오솔길이며
떼지어 모여 드는 정든 아이들
그 아이들을 보고 싶고
징검다리 건너서 이웃을 가는 동안
흐르는 개울물을 보고 싶고
참으로 마음씨 고운 순이의
단발머리도 보고 싶고

황혼에 이르러 고향에 와 있지만

넝쿨진 박꽃 희게 지핀
빈 자리에
문명만 희긋 희긋 넘어가고 있습니다

| 작품해설 |

언어예술의 그릇 속에서 산수山水의 물빛처럼 맑게 빛나는 '생태문화' 의 정수精髓

- 신길수 시집 『바람의 그림자』에 부쳐

송 용 구 | 시인, 문학평론가, 고려대 교수

| 작품해설 |

언어예술의 그릇 속에서 산수山水의 물빛처럼 맑게 빛나는 '생태문화'의 정수精髓

- 신길수 시집 『바람의 그림자』에 부쳐

송 용 구 | 시인, 문학평론가, 고려대 교수

원광대 명예교수인 신길수 시인이 열 일곱 번째 시집을 냈다. '한국문인협회'와 '한국시조시인협회'의 회원, '가람시조문학회' 회장, '국제펜클럽한국본부' 회원, '마한문학상' 수상 등의 이력履歷이 말해주듯이 신길수 시인은 월간 『한국시』로 문단에 데뷔한 후 지금까지 시 창작의 올곧은 길을 걸어왔다. 결고운 언어로써 일평생 한국어의 자음과 모음을 절차탁마切磋琢磨하듯이 정제하는 과정 속에서 "음악적 산수화山水畵의 시" 혹은 "회화적 언어예술言語藝術의 시"를 창조해왔던 신길수 시인! 열 일곱 번째 시집 『바람의 그림자』는 한국의 시가 갖고 있는 언어예술의 미학적美學的 성숙도를 한층 더

배가倍加시킨 "백미白眉의 시편" 이라고 평評할만하다.

연작 시 「사랑가」의 테마 작품이라고 해도 과언이 아닐 신길수 시인의 시 「사랑이라는 것」을 읽어보자. 시의 언어가 갖고 정제미精製美, 함축미, 균형미가 조화를 이루고 있다.

연보라 마알간 눈금이다

물그나무 서 있는
나무 그늘 밑에
숨어서
숨 쉬는 향기다

너무 고와서 눈물이 날것 같고
저만치서 서성이는
풀꽃같이
바람에도 설레이는 빛무늬다

언제나 보면 새잎 돋듯
자분대며 숨 쉬어 오는
향기다

-「사랑이라는 것」 전문

작품을 읽어갈수록 모음과 자음의 간결한 조탁彫琢을 통하여 '마알간' 눈물빛의 '사랑' 이 지닌 순결한 '빛무늬' 를 결백潔白하게 재생하고 있다. 무엇보다도 모음들

간의 조화에 주목할 필요가 있다. 소리내어 읽을 때 형성되는 투명한 리듬의 고요한 '아카펠라'를 들을 수 있다. '연보라'의 '빛무늬'에서 연상할 수 있듯이 위의 작품은 시각적視覺的 이미지들이 독자의 눈길에 젖어든다. 그러나 모음들을 화합和合시키고 자음과의 적절한 대칭적 균형을 확립해나가는 신길수 시인의 언어미학은 시각적 이미지 속에서도 청각적聽覺的 이미지를 창출하는 길을 열고 있다. 이미지의 변주곡變奏曲을 울려주고 있는 것이다.

'마알간 눈금'에서 읽을 수 있는 '눈금'의 'ㅜㅡ', '물그나무'에서 읽을 수 있는 '물그'의 'ㅜㅡ', '나무그늘'에서 읽을 수 있는 '무 그'의 'ㅜㅡ'가 모음들의 정연한 화음을 들려주지 않는가? 회화의 '연보라' 빛 그림 속에서 '마알간' 음악의 가락들이 걸어나오고 있다. '물그나무'에서의 '그나무'와 '나무 그늘'에서의 '나무 그'는 자음과 모음의 조합을 통하여 균형과 대칭의 로고스(LOGOS)적 아름다움을 낳고 있다. '숨어서 숨쉬는'에서 들려오는 '숨'의 모음 'ㅜ'는 '눈물'에서 만져보는 모음 'ㅜㅜ'와 연합하더니 '풀꽃'의 '풀'에서 맞이하는 'ㅜ'와 '빛무늬'의 '무'에서 만나는 'ㅜ'를 아우른다. 모음들의 합창合唱을 닮은 '연보라' 빛 회화의 음악성을 창조하고 있다. 신길수 시인의 시에서 나타나는 시어의 형식미形式美가 한국의 자연풍경을 점점 더 명징한 순수純粹의 세계로 승화시킨다는 문학적 사실을 다음의 시에서도 확인하게 된다.

연초록 풀잎들끼리
도란대며 논다
물소리 자잘대면
그 가장 자리에서 논다

한두름 바람이 몰려오면
움츠리다가
구름이 끌지다가
빗방울이라도 내리면
파르라니 떨다가

연초록 풀잎은
파란 빛살 무늬를 키운다
물소리 자잘대며
그 가장 자리에서
너울 너울 춤을 추며 논다

-「새 풀잎 돋아나서」 전문

'풀잎' 이 돋아나듯이 "빠름" 을 지향하지 않는 "느림" 의 정서적 안정감이 작품 전체를 온유하게 안아주고 있다. 한국어의 모음 'ㅏ', 'ㅗ', 'ㅜ' 가 속도速度의 강박관념에서 해방되어 3화음의 '원무圓舞' 를 '너울 너울' 풀어내고 있다. 제1연에서 '풀잎들' 이 '연초록' 옷을 입고 유아들처럼 '도란대며 노는' 풍경은 천진난만하게 '자잘대는 물소리'의 배경 음악과 어울려 자연의 순수한 생명력을 재생하고 있다. '풀잎'에서의 앞글자 모음 'ㅜ', '도란'과 '논다'에서의 앞글자 모음 'ㅗ'의 이중창二重唱이 시작된다. 그 이중창 사이로 뒷글자 '란'과 '다'에서의 모음 'ㅏ', '자잘대는'과 '가장 자리'에서의 주요 모음 'ㅏ'가 살포시 끼여들어 'ㅜ', 'ㅗ', 'ㅏ'의 모음 3중창이 펼쳐진다. '풀잎'의 시각적 이미지와 '물소리'의 청각적 이미지는 모음들의 하모니를 도와주는 자연의 연주演奏가 된다. 여기에 '풀잎'의 자음 'ㅍ', '도란'의 자음 'ㄷ', '물소리'의 자음 'ㅁ', '자잘대면'과 '가장자리'의 주요 자음 'ㅈ'이 자연의 타악기가 되어 '시'라는 언어예술言語藝術의 아카펠라를 도와주고 있지 않는가?

모음과 자음 간의 조화로운 통섭通涉에 의해 시각적 이미지를 청각적 이미지로 변용變容시키는 가운데 자연의 생명력과 순환질서를 재생해나가는 신길수 시의 언어미학言語美學! 그것은 제2연과 제3연에서도 지속성을 보여준다. 제2연에서 '두름'의 모음 'ㅜ ㅡ', '움츠'의 모음 'ㅜ ㅡ', '구름'의 모음 'ㅜ ㅡ'의 연속적 리듬이 '너울 너울 춤을 추'는 '물소리'처럼 흐르고 있지 않는가? 게다가 제1연 '가장 자리'에서 시작되어, 제2연에서의 '한두름', '바람', '파르라니', 제3연에서의 '파란'

과 마지막 '가장 자리'의 주요 글자를 형성하는 모음 'ㅏ'의 몸짓을 보라. 모음 'ㅏ'는 자음 'ㅎ', 'ㅂ', 'ㅍ', 'ㄱ'이라는 자연의 탁음濁音을 동원하여 'ㅜ ㅡ'의 연속적 리듬 속에 더욱 생생한 자연의 생명력을 불어넣고 있다. 제 1, 2, 3연 사이에 단절 없이 이어지는 미학적美學的 연결고리는 제 17시집 『바람의 그림자』에 실린 거의 모든 시들 간의 미학적 연결고리로 확대되어 신길수 시인의 시를 "언어미학의 네트워크"로 만들어준다. 그러므로 평자評者는 지금까지 논의했던 내용을 근거로 삼아 신길수 시인의 시에 대하여 "감각적 이미지의 변주곡變奏曲을 울리는 언어예술의 향연" 혹은 "정제된 시어詩語의 미학적 연금술"이라는 첫 번째 정의定義를 부여하고자 한다.

그러나 신길수 시인의 시에서 발견할 수 있는 시적詩的 가치와 문학적 의의意義는 언어예술의 미학적 능력과 형식미에 제한되지 않는다. 만물萬物이 일으키는 생명의 몸짓, 만상萬象의 자연법칙, 생명을 가진 모든 것들 사이의 교감, 소통, 공생共生, 상호의존相互依存 등을 표방하는 '생태주의' 사상이 '시'라는 나무의 정신적 뿌리를 형성하고 있다는 사실을 간과해서는 안될 것이다. 이러한 문학적 사실은 신길수 시인이 한국 시의 전통을 계승하면서도 시의 모더니티(현대성)을 외면하지 않는다는 것을 말해준다. 그가 계승해왔던 전통예술의 형식미形式美

는 '생태주의' 라는 시대정신時代精神의 샘물을 담아내는 '파란 빛살 무늬' 의 그릇이다.

신길수 시인의 시에서 '생태주의' 사상을 찾아낼 수 있는 근거들은 충분하다. 앞에서 이야기를 나누었던 시 「사랑이라는 것」과 「새 풀잎 돋아나서」에서 몸으로 느낄 수 있는 생명들의 움직이는 속도는 "빠름"을 지양하는 "느림"이다. 그 것은 단거리 경주자競走者의 급행적 질주로부터 거리距離를 두는 평온한 산책자의 걸음이다. 시 「사랑이라는 것」에서 걸어나오는 '숨어서 숨쉬는', '저만치서 서성이는', '설레이는 빛무늬', '자분대며 숨쉬어 오는' 등의 문장들을 카메라 렌즈로 촬영해보자. 결코 서두름이 없는 자연의 순리順理와 순환질서가 사진 속에 재생되고 있다. 더 많은 물질, 더 높은 명예, 더 강한 권력을 움켜쥐기 위해 오로지 눈 앞의 목표만을 향해 직선直線으로 질주하는 현대 문명사회文明社會의 경주로부터 시인은 자발적으로 등을 돌린다.

시인이 선택하는 인생길은 욕망의 직선주로走路를 돌려놓을 수 있는 둥그런 상생相生의 곡선曲線이다. 그런 까닭에 시 「새 풀잎 돋아나서」에서 천천히 '돋아나는' 속도와 같이 시인은 산책자의 걸음으로 '나무' 와 '풀잎' 과 '바람' 과 '물소리' 와 함께 '너울 너울' 춤을 추듯 '도란대고 자잘대며' 평화로운 상생의 길을 걸어가고 있다. 자연과 인간이 서로 생명의 숨결을 주고 받을 수 있는 “연초록빛 생명의 네트워크”는 “빠름”이 아닌 “느림”의 생활방식을 통해서만 형성된다는 ‘생태주의’ 적 교훈을 신길수 시인의 시에서 읽게 된다.

“느림”의 생활방식은 욕망을 절제하려는 의지와 노력의 산물임을 신길수의 시 「雪門寺의 소나무」가 깨닫게 해준다. 노승老僧의 형상인 ‘노송老松’을 만나보자.

원무를 추랴

처음도 끝도 없고
미움이나
욕망도 털어 내는
숨결 마디

구름 걸친 문 틈으로
흘러서
흘러서 내는 풍경과

경내를 쓸면서
무심결에 흘린
몇 점
주문을 들고
조용히 숨 죽이며 걷는 사람들이
발을 멈추고

누천년
청사를 스다듬는
노송과 같이

잔잔히 돈아 나는
원무를 추랴

-「雪門寺의 소나무」 전문

둥그런 원무圓舞를 '너울 너울' 추고 있는 노승老僧은 '노송老松'의 형상으로 변용變容된다. 이 형상은 시인이 추구하는 이상적 자화상이기도 하다. 노승의 무욕無慾의 내면세계는 '노송'의 깨끗하고 둥근 몸을 닮았다. 속도의 강박증에서 벗어나는 "느림"의 생활방식은 '욕망'을 절제하고 '털어내는' 사람에게만 가능해진다. 그런데, 신길수 시가 갖고 있는 언어미학의 형식미조차도 이 '욕망 털어내기'와 필연적 관계를 맺고 있는 것을 발견하게 된다. 신길수 시의 강점强點인 언어의 간결성, 시어의 정제미, 의미의 함축미含蓄美 등은 언어의 사족蛇足을 '털어내려는' 시인의 결백한 내면세계를 근원으로 삼고 있다. 노승의 구도求道 행위처럼 '욕망'에 맞서 마음 하나만을 지켜내려는 시인의 초극超克 의지는 미사여구, 장광설, 과장된 어법語法을 아낌 없이 '털어내는' 시 미학美學의 길을 연다. 시인이 언어를 줄이고 버릴수록 오히려 그의 내면세계는 정신적 공간의 여백을 넓히게 되는 까닭에 자연의 생물들과 소통할 수 있는 "생명의 네트워크"는 점점 더 넓어져간다. 신길수 시인의 시세계 안에서 "미학의 네트워크"와 "생명의 네트워크"가 경계를 허물고 서로 다른 네트워크 간의 '상호의존' 관계를 맺으면서 '시'라는 정신세계의 마당을 확장해준다. 이것은 신길수 시인의 시가 갖고 있는 두 번째 중요한 시적詩的 가치이자 문학적 의의意義가 아니겠는가?

「雪門寺의 소나무」에서 '잔잔히 돋아나는' 원무의 느린 몸짓처럼 물질, 명예, 권력을 거머쥐려는 '욕망을 털어내고' 자애로운 '원무'의 둥근 춤사위 속에 만물을 품어안는 노승老僧이여! 시인의 자화상이여! '노송'은 시인이 지향하는 무욕無慾, 느림, 자애를 나타내는 "객관적 상관물"이다. 무욕無慾의 마음은 '느림'의 생활방식을 낳고, '느림'을 상징하는 '원무'는 '사람들'과 자연과 생명을 감싸안는 자애慈愛를 낳으며, 자애의 손길은 상생相生의 공동체를 낳는다. 물론, 평자가 명명命名하는 이 "상생의 공동체"는 사람들 간의 공생 및 '상호의존'을 사람과 자연 간의 관계로까지 확대해나가는 '생태사회'를 의미한다. 이러한 이론적 근거를 충분히 발견할 수 있다는 점에서 평자評者는 신길수 시인의 시에 대하여 "언어예술의 미학적 형식미形式美와 '생태주의' 패러다임 간의 통섭通涉이 낳은 전통적 가락의 현대 시"라는 두 번째 정의定義를 부여하고자 한다. 무엇보다도 그의 시는 현대인들에게 필요한 "자연친화적 생활방식"과 "생태문화生態文化"를 함축적 언어로써 노래하고 있기 때문이다. 시 「청운사 주변에서」와 「산에 오르며」는 평자評者가 내린 문학적 정의를 대변하는 작품들이다.

삶은
어차피 먼 길을 가는 것인데
여기쯤 쉬어가면 어떨까

층계 논두렁 위로는
상여집이 놓여 있는 걸
보기는 보는데
길은
아직 멀다고 느끼는데
하소 백련
질펀히 널려있는 바람 끝에
걸려서
놀아대면 어떠할까

지금쯤 산에 오르면
찔레 꽃대궁
소근댈 것이고
하얀 박꽃이 별처럼
성글게 길을 밝힐 것이고
삶은 도란대고 있는데
여기서 쉬어가면 어떨까

-「청운사 주변에서」 전문

신길수 시인의 시세계 속에 형성된 "미학의 네트워크"가 하나의 시와 다른 시 사이에 연결고리를 튼실히

유지하면서 그 미학의 범주範疇를 계속 넓혀가고 있음을 보여주는 작품이 「청운사 주변에서」이다. '상여집' 과 '하소' 의 모음 'ㅏ' 와 'ㅗ', '백련' 과 '널려 있는' 과 '걸려서' 의 연속된 모음 'ㅓ' 와 'ㅗ' 의 리드미컬한 음악적 하모니가 '청운사 주변' 에 펼쳐진 자연의 시각적視覺的 아름다움을 앞의 시들에 이어 연속적 파노라마의 형태로 보여주고 있다. 신길수 시의 또 하나의 강점强點인 감각적 이미지의 변용變容도 앞의 작품들과 마찬가지로 연속성을 잃지 않는다. '꽃대궁' 의 '대궁' 을 형성하는 자음 'ㄷ' 과 'ㄱ', '소근대는' 의 가운데 글자 '근대' 를 수놓은 자음 'ㄱ' 과 'ㄷ', '성글게' 의 머리 글자가 되는 'ㅅ' 과 'ㄱ' 등 자음의 타악기 연주가 모음들의 하모니를 지속적으로 돕고 있다. '바람 끝에 걸려서' 빛무늬를 발하는 '하연 백련' 의 시각적 아름다움은 모음들과 자음들의 음악적 합주合奏에 의해 '소근대는 꽃대궁' 과 '도란대는 박꽃' 의 청각적 아름다움으로 변용變容되고 있다. 감각적 이미지의 변주곡變奏曲이 연속적으로 울리고 있다.

신길수 시인의 시에서 나타나는 미학적美學的 일관성이 시어의 행간行間에 선명하게 각인되어 있다. 앞의 시 「사랑이라는 것」, 「새 풀잎 돋아나서」, 「雪門寺의 소나무」에 이어 「청운사 주변」에서와 「산에 오르며」에서도 언어미학의 형식미形式美는 '느림' 의 생활방식을 통하여 자연의 모든 생명들과 소통하는 '생태주의' 패러다임의 그릇이 되고 있다. "여기서 쉬어가면 어떨까?", "놀아대면 어떨까?" 라는 물음은 시인의 자문自問이지만 '청운사 주변' 의 '백련' 과 '바람' 과 '꽃대궁' 과 '박꽃' 등 자연의 가족에게 걸어보는 말이기도 하다. 자연과 대화를 시작하는 화두話頭인 셈이다. 그 것은 「雪門寺의 소나무」에서 읽을 수 있었던 결백한 무욕의 마음으로부터 우러나오는 초록빛 언어이다. '청운사 주변' 의 자연만물을 돌아보고 그들과 화합하려는 "느림" 의 생활방식이 시작되는 신호탄의 언어이다. 언어미학의 예술성에 힘입은 '생태주의' 패러다임의 미학적美學的 빛이 갈수록 명징해진다. 그 대표적 모델이 될 수 있는 작품은 「산에 오르며」이다.

청산은 저기인데
산으로 가자

산꿩 나르고
산토끼 능선을 누비는
산풀 이글 이글 출렁거리는
구름 절찬 산으로 가자

산태목 산고랑에 줄비해 있고
칡넝쿨 오솔길을 느리고
찔레꽃 봉긋이 숨 쉬는 곳

산비탈 따라 흐르는
계류의 물소리와
빽빽이 들어찬 푸르른 소나무와
바위 휘감으면서 숲이 쌓인
산으로 가자

언덕베기 넘으면고향 마을
고향집 굴뚝에 하얀 연기 솟아 오르는
청산이 저기인데
청산에 가자

-「산에 오르며」 전문

웨일즈 태생의 진보적 문화비평가이자 문화학자文化學者 레이몬드 윌리엄스(Raymond Williams)는 '문화' 를 "특정 지역에 살고 있는 주민들의 총체적 생활방식" 이라고 규정하였다. 프랑스의 문화학자 앙리 르페브르는 '문화' 를 "강한 의미를 만들어가는 생산방식" 이라고 규정하였다. 두 문화학자의 문화개념을 '생태주의' 패러다임에 적용한다면 '생태문화' 란 "사람과 자연 사이의 '상호의존' 관계를 통하여 강한 의미를 만들어가는 생활방식" 이라고 정의할 수 있다.

본래 '생태(eco)' 는 그리스어 '오이코스(oikos)'에서 파생된 낱말이다. '오이코스' 는 '집' 이라는 의미를 갖는다. 그렇다면 '청산' 의 '산꿩' , '산토끼' , '산풀' ,

'산태목', '칡', '찔레꽃', '물', '소나무' 등은 '청산'이라는 '집'에서 살고 있는 산山가족이다. 시인은 산山가족과의 동거同居를 생활방식으로 삼으려는 '생태문화'의 향유자이다. 그리스어 '오이코스'의 의미에 따라 생태계生態界를 '집'에 비유한다면 이 '집'은 "그린 네트워크(green network)"이자 "유기체有機體적 상호의존의 시스템"이다. 생태계는 마치 생물의 몸과 같다. 몸의 각 기관들이 서로 돕는 '상호의존'의 시스템을 형성하지 못한다면 몸에 병이 찾아오듯이 '생태계'라는 '집'의 식구들도 공생共生의 시스템을 유지하지 못한다면 생태계의 평형은 깨지고 만다. 사람도 이 유기체적 시스템을 유지하기 위해 자연의 만물을 돕는 조력자助力者의 역할을 담당해야만 한다. 그 것은 사람이 가져야 할 당위적當爲的 의무로서의 '생명윤리'이다. 생태계를 사람의 "몸"에 비유한다면 '산'은 몸의 심장과 같다. '산'의 심장부에서 솟아나오는 '강江'은 '생태계'라는 몸의 혈맥血脈이 되어 혈액 같은 물줄기를 대지大地와 동식물들에게 베푼다. 강의 에너지를 먹고 마시며 자라온 대지와 동식물은 사람에게 일용할 양식과 정서적 평안을 선사한다. 사람은 이성적理性的 판단을 통하여 '산', 강, 대지, 동식물을 돌보고 보살피는 도움의 손길을 내민다. 이와 같이 '생태계'라는 몸이 건강하려면 자연과 사람간의 유기체적 '상호의존' 시스템을 원활하게 유지하려는 노력이 필요하다. 이러한 '생명윤리'를 너무도 잘 알고 있는 시인은 만물萬物과의 교감交感을 나누는 소통의 공간을 넓혀간다. 시인이 오르는 '청산'은 바로 그 소통의 공간이다. 사람과 자연이 "초록빛 가족"이 되어 함께 살아가는 "생명공동체"의 집이 곧 '청산'이다. 제2연 '능선을 누비는'에서 낱말의 첫 문자 '능' 자(字)와 '누' 자字의 몸을 구성하는 모음 'ㅡ'와 'ㅜ'를 주목하자. '산풀 이글 이글 출렁거리는 구름'에서는 차례를 바꾸어 'ㅜ'와 'ㅡ'의 순서로 '풀' 자字, '글' 자字, '출' 자字, '구' 자字, '름' 자字의 뼈대를 이루었다. 이 두 개의 모음은 '능선을 누비'듯이 완만한 곡선曲線의 산줄기를 따라 느린 속도로 걸어가서 '산풀' 형제를 만난다. 모음 'ㅡ'와 'ㅜ'는 '산풀'의 자음 'ㅍ', '산토끼'의 자음 'ㅌ', '산꿩'의 자음이자 '산토끼'의 자음인 'ㄲ'과 함께 문자文字의 가족이 되어 '산풀'이 '이글 이글 출렁거리는' 구름 울타리의 산山집에 전입신고를 한다. 모음과 자음이 예술의 핏줄로 연결되어 언어음향言語音響의 일가一家를 이루고, '청산'의 동식물들은 시인과 함께 생명의 핏줄로 연결되어 "생명공동체"의 가족이 된다. 자음과 모음의 화음和音이 일으키는 소리의 붓질은 시의 화선지 안에 '산수화山水畵'의 회화적 풍경을 그려내고 있다. 언어의 조탁彫琢을 통한 감각적 이미지의 변용變容은 시어詩語의 정제미와 함축미를 한층 더 성숙시킨다.

제 17시집의 백미白眉라고 해도 지나침이 없는 시 「雪門寺의 소나무」, 「청운사 주변」, 「산에 오르며」에서 드러나는 언어예술의 형식미와 '생태주의' 패러다임 간의 문학적 '상호의존' 은 신길수 시의 시적詩的 가치와 문학적 의의意義를 객관적으로 보증하는 근거가 되고 있다. 평자評者는 이러한 근거에 따라 신길수 시인의 시를 "언어예술의 그릇 속에서 산수山水의 물빛처럼 맑게 빛나는 '생태문화' 의 정수精髓"로 자리매김하고자 한다. 이 것은 신길수 시의 세 번째 문학적 정의定義이자 변하지 않는 시적詩的 가치로 남으리라고 전망된다. 그의 또 다른 작품 「금강가에서」, 「雪門寺 記」, 「군자란」, 「구름 다리를 지나면서」 등은 평자가 규정한 신길수 시의 문학적 의의를 독자에게 확증確證해줄 것이다.*